AF391954

Contact :

Pierre Demaude
5 rue try du scouf
6032 Mont-sur-Marchienne
Belgique
reveille.toi.net@gmail.com

Dépôt légal - 2024

ISBN : 978-2-9558585-0-9

D/2024/Jacques Lemaire, éditeur.

Une première version de cette brochure a été publiée le 04/04/2010, sans n° ISBN. Cette édition reprend l'intégralité de la première version. Deux annexes y ont été ajoutées.

Les citations bibliques de cette brochure sont tirées de la Bible dite la Colombe -Nouvelle version Segond révisée.

Crédit photos :
Jacques Lemaire : Evodie Amela
Couverture : Jesse Hohenthaner (tableau signé «Théophore»)

La grâce

&

la dîme

*CE QUE LA BIBLE ENSEIGNE
AU SUJET DE L'ARGENT*

Jacques Lemaire

Avant-propos

À la demande insistante de mes compagnons dans le ministère et de mes amis, je me décide à publier cet enseignement sur « la grâce et la dîme ». Il s'agit de la mise sur papier d'un séminaire élaboré en 1989. Depuis, plusieurs Églises de plusieurs dénominations en ont bénéficié.

Enseigner sur l'argent relève du combat spirituel, tant les résistances sont importantes dans ce pays à notre époque matérialiste. Beaucoup de chrétiens pensent que parler d'argent dans l'Église n'est pas spirituel. Pourtant l'Écriture sainte a beaucoup à dire sur le sujet, comme nous allons le voir ensemble.

Nous ne sommes pas encore au ciel et l'œuvre de Dieu passe par des contingences matérielles. Nous pouvons le déplorer, mais c'est un fait. Nous ne sommes pas du monde, mais nous sommes dans le monde et la façon de fonctionner du monde s'impose à nous. Que pouvons-nous faire pour Dieu dans cette société, si nous sommes sans argent ?

Je remercie le pasteur Jacques MICHAUX de l'Assemblée Chrétienne Essentiel à Aiseau-Presles (Belgique), qui s'est chargé de mettre par écrit les six heures d'enregistrement de cet enseignement. Un merci particulier aussi à Sarah BLOMME, qui a remis tout ceci dans un style littéraire convenable et supprimé les digressions et les répétitions, qui me sont familières, elle est ainsi comme la coauteure de cette brochure.

Jacques LEMAIRE, 2004.

INTRODUCTION

Le sujet de la dîme est devenu un objet de controverse dans l'Église chrétienne. Les uns en font la condition de la bénédiction de Dieu, voire du salut ! D'autres pensent qu'elle n'a plus cours sous la grâce, car elle appartient à la loi des cérémonies qui est abolie en Christ. Je vous propose de reprendre ensemble cette doctrine biblique pour faire le point. Le thème de notre propos pourrait aussi s'intituler : ce que la Bible enseigne au sujet de l'argent.

L'argent est l'une des plus grandes puissances qui tient l'Église chrétienne. L'argent rend captif, car c'est un véritable lien et une véritable prison pour l'Église. Le fait d'oser en parler revient à affronter une puissance diabolique. Prêcher sur l'argent, c'est comme un exorcisme.

Pour dissiper d'emblée tout malentendu ou préjugé, dans notre Église, nous n'obligeons personne à donner son argent. Les personnes qui donnent de l'argent dans notre Église le font librement, parce qu'elles ont à cœur de le faire, et nous tenons absolument à ce qu'il en soit ainsi. En effet, le fait d'extorquer de l'argent aux gens par contrainte ou par chantage, même sous le couvert spirituel, s'appelle de l'escroquerie. C'est un critère qui permet de différencier la secte de l'Église. Dans les sectes, on oblige les gens à donner de l'argent. Dans l'Église, personne ne devrait se sentir obligé de le faire. Même quand on lève une offrande, nous prenons bien soin de dire à chaque fois : « Si vous n'avez pas à cœur de donner, ne donnez pas ».

Ensuite, il est important de souligner que pour avoir la liberté de prêcher sur le thème de l'argent, le prédicateur ne doit pas être au courant de l'identité de ceux qui donnent et de ceux qui ne donnent pas à l'Église. Seul le trésorier devrait le savoir, par la force des choses. Cela permet au prédicateur de garder sa liberté de parole, et de conserver ainsi une grande aisance pour traiter du sujet.

Les chrétiens sont censés être des gens responsables qui savent dire oui quand ils doivent dire oui et qui savent dire non quand ils doivent dire non (Jacques 5:12), y compris dans le domaine de l'argent.

1 LA MISE EN COMMUN DES BIENS

Une communion fraternelle concrète

Deux textes du Nouveau Testament nous montrent quelle était la pratique des premiers chrétiens au sujet de l'argent.

« Ils étaient assidus à l'enseignement des apôtres, à la communion fraternelle, au partage du pain et aux prières. La crainte s'emparait de chacun, et beaucoup de prodiges et de signes se produisaient par l'entremise des apôtres. Tous les croyants étaient ensemble et avaient tout en commun, ils vendaient leurs biens et leurs possessions et ils en partageaient le produit entre tous selon les besoins de chacun. Chaque jour ils étaient assidus au temple d'un commun accord, ils rompaient le pain dans les maisons et ils prenaient leur nourriture avec allégresse et simplicité de cœur : ils louaient Dieu et avaient la faveur de tout le peuple. Et le Seigneur ajoutait chaque jour à l'Église ceux qui étaient sauvés » - Actes 2:42-44.

« La multitude de ceux qui étaient devenus croyants étaient un seul cœur et une seule âme. Personne ne disait que ses biens lui appartenaient en propre, mais tout était commun entre eux. Avec

une grande puissance, les apôtres rendaient témoignage de la résurrection du Seigneur Jésus et une grande grâce etait sur eux tous. Parmi eux, en effet, personne n'était dans le dénuement, car tous ceux qui possédaient des champs et des maisons les vendaient, apportaient le prix de ce qui avait été vendu et le déposaient aux pieds des apôtres. Et on distribuait à chacun selon ses besoins. Ainsi, Josepb, surnommé par les apôres Barnabé, ce qui se traduit « fils d'encouragement », un lévite originaire de Chypre, vendit une terre qu'il possédait, apporta l'argent et le déposa aux pieds des apôtres» - Actes 4:32-37.

Nos deux textes nous présentent donc le modèle de la première Église à Jérusalem, formée tout de suite après la Pentecôte. Elle est le modèle et la mère de toutes les Églises du monde et de tous les temps. L'Église mère de toutes les autres n'est pas celle de Rome, mais bien ici à Jérusalem.

C'est Irénée de Lyon, à la fin du 2e siècle, qui présente pour la première fois l'Église de Rome comme le centre d'accord de toutes les autres :

« Elle est la très grande Église, très ancienne et connue de tous, fondée et constituée par les deux très glorieux Apôtres Pierre et Paul. C'est avec cette Église en raison de sa plus puissante autorité de fondation que doit nécessairement s'accorder toute Église, c'est-à-dire les fidèles qui proviennent de partout, elle en qui toujours, par ceux qui proviennent de partout, a été conservée la Tradition qui provient des Apôtres » — Adversus Haereses II, 3,2 ; vers 189 après J-C.

Le modèle de Jérusalem nous enseigne qu'une Église

chrétienne est le lieu où s'exerce la communion fraternelle, c'est-à-dire la mise en commun dans tous les domaines qui composent la vie, y compris l'argent : nos joies, nos peines, nos échecs, nos succès, nos talents et aussi nos biens.

Or, cette communion fraternelle dans l'Église de Jérusalem allait très loin, car, aussi bien en ce qui concerne les biens qu'en ce qui concerne la vie, les chrétiens mettaient tout en commun. Si on parle de la dîme et des offrandes dans l'Église, c'est par miséricorde, puisque le modèle des Actes est la mise en commun de tous les biens. Je suis prêt à abandonner cet enseignement, si nous pratiquons la communauté intégrale comme à Jérusalem.

La dîme et les offrandes représentent le minimum que nous partageons dans une communion fraternelle concrète et pas seulement en paroles.

La dîme : Loi ou Grâce ?

Un argument revenant fréquemment pour contrer la prédication sur la dîme, consiste à dire que la dîme, c'est la Loi, et qu'on est à présent sous la Grâce. Autrement dit, on est tellement sous la grâce qu'on ne donnera pas grand-chose pour l'œuvre de Dieu. Il s'agit souvent en fait d'une manière très « spirituelle » et religieuse de dire : je ne donnerai presque rien !

Au contraire, les Écritures montrent que la dîme existait avant la Loi de Moise et qu'elle était liée prophétiquement à la grâce, donc à l'Évangile, qu'elle annonçait.

Avant de lire deux textes significatifs dans l'Ancien Testament, précisons le vocabulaire :

En hébreu, « dîme » se dit : ma'esser, qui vient de « dix » : esser.

La grâce & la dîme

En grec, « dîme » se dit : dékatè, qui vient de « dix » : déka. On trouve aussi dans le Nouveau Testament le verbe dérivé apodékato, qui signifie « donner ou prélever la dîme ».

Le mot « dîme » signifie donc le dixième dans les langues bibliques.

Après ces précisions de vocabulaire, nous allons examiner notre premier texte :

« Melchisédek, roi de Salem, fit apporter du pain et du vin : il était sacrificateur du Dieu Très-Haut. Il bénit Abram, et dit : Béni soit Abram par le Dieu Très-Haut, maître du ciel et de la terre ! Béni soit le Dieu Très-Haut, qui a livré tes ennemis entre tes mains ! Et Abram lui donna la dîme de tout. » - Genèse 14:19-21.

Ce passage relate l'épisode où Abraham a dû combattre contre des pillards. Le roi de la ville de Salem (autre nom de Jérusalem), Melchisédek, est venu à son secours pour lui prêter main-forte. Quand Abrahamn et Melchisédek eurent remporté la victoire, ce dernier bénit Abraham. C'est alors qu'eut lieu ce sacrifice de pain et de vin, qui est prophétique de la Sainte Cène et donc du sacrifice de Jésus sur la Croix. Melchisédek a donc béni Abraham « Béni soit le Dieu Très-Haut qui t'a livré tes adversaires » (v. 20). Et Abraham lui donna la dîme de tout (v. 21).

Il s'agit ici de la première mention de la dîme dans la Bible. C'est Abraham qui le premier a « inventé » la dîme et l'a donnée à Melchisédek.

Tout d'abord, soulignons que nous sommes quatre siècles avant la Loi, puisque celle-ci a été donnée par l'intermédiaire de Moïse sur le mont Sinaï. On situe l'époque

LA GRÂCE & LA DÎME

d'Abraham environ au vingtième siècle avant Jésus-Christ et celle de Moïse environ au seizième siècle avant J-C. La dîme existait donc bien avant la Loi. La Loi n'a fait que confirmer une pratique antérieure.

Ensuite, notons que la dîme a été donnée à Melchisédek, roi de Salem. Melchisédek et Salem signifient respectivement en hébreu « roi de justice » et « paix ». Melchisédek est donc le roi de justice, celui qui apporte la paix. La référence à l'Évangile, et par conséquent à la grâce, est évidente. À ce titre, pour l'auteur de l'épitre aux Hébreux, Melchisédek, roi de Salem, est une figure de Jésus-Christ (Hébreux 5:6 et 7:1-4). Prophétiquement, c'est donc à Jésus-Christ qu'Abraham a donné la dîme.

Enfin, dans l'Épître aux Romains au chapitre 4, Abraham est présenté comme le modèle et le prototype des croyants sauvés par la grâce au moyen de la foi sans les œuvres de la Loi. Il est donc clair que pour lui la dîme n'était pas une œuvre de la Loi, mais un témoignage de sa foi.

Ces trois arguments clairs prouvent que la dîme existait avant la Loi, contrairement à ce que beaucoup de chrétiens pensent, et qu'elle est reliée prophétiquement à la grâce.

Examinons le second texte :

> *« Jacob fit un vœu en disant : Si Dieu est avec moi et me garde sur me la route où je vais, s'il me donne du pain à manger et des habits pour me vêtir, et si je retourne en paix à la maison de mon père, alors l'Éternel sera mon Dieu. Cette pierre que j'ai érigée en stèle sera la maison de Dieu (en hébreu "Béthel").* **Je te donnerai la dîme** *de tout ce que tu me donneras. » - Genèse 28:20-22.*

Comme Abraham, Jacob a vécu avant la Loi, plus précisément deux siècles avant celle-ci. On voit ici que Jacob décide de donner la dîme, et notons bien qu'on ne le lui impose pas, pas plus qu'à Abraham. Jacob décide donc librement de donner sa dîme, et ceci à un endroit qui s'appelle Béthel, ce qui signifie « Maison de Dieu ».

Pour nous, qui connaissons le Nouveau Testament, la maison de Dieu n'est pas un endroit. Il s'agit de l'Église, c'est-à-dire, du rassemblement des chrétiens, avec l'idée de la mise en commun des biens, comme nous l'avons souligné plus haut. La dîme, c'est donc ce que nous acceptons de mettre en commun dans la caisse commune de notre Église, puisque nous formons la maison de Dieu.

Prophétiquement, Jacob a donc donné la dîme à Dieu, à travers l'Église, anticipation du temps de grâce.

Jésus et la dîme

Chez les pharisiens, la dîme était une obligation stricte, et ils allaient même très loin, en donnant jusqu'à la dîme de la menthe, du persil, de la sauge et du romarin. Ils en avaient fait une loi obligatoire à observer très rigoureusement, par laquelle ils pensaient obtenir le salut :

> « *Malheur à vous, scribes et pharisiens hypocrites ! Parce que vous payez la dîme de la menthe, de l'aneth et du cumin, et que vous laissez ce qu'il y a de plus important dans la loi : le droit, la miséricorde et la fidélité ; **c'est là ce qu'il fallait pratiquer sans laisser de côté le reste.** Conducteurs aveugles ! Qui retenez au filtre le moucheron et qui avalez le chameau* » - Matthieu 23:23-24.

Jésus confirme ici la dîme et il dit comment on doit la pratiquer. Il explique dans ce passage que ceux qui se trouvent sous la grâce donnent librement la dîme par amour et par reconnaissance envers Dieu, ainsi que par amour du prochain. La dîme sous la grâce est une question d'amour, et non de règlement.

Nous aimons Dieu parce que Dieu nous a aimés le premier, et nous lui manifestons notre amour notamment par la dîme. De même, comme nous aimons notre prochain, nous acceptons de mettre une partie de nos biens en commun. Ce n'est pas l'unique façon de manifester, sous la grâce, l'amour de Dieu et du prochain, mais c'en est une. La grâce n'abolit donc pas la dîme, mais elle la confirme, et ce que Jésus reproche aux pharisiens, c'est d'avoir fait de la dîme un légalisme, alors qu'elle devait se pratiquer sous la grâce, c'est-à-dire dans la justice et l'amour de Dieu.

Certaines prédications actuelles sur l'argent, en faisant pression sur les chrétiens, ressemblent beaucoup à l'attitude des sadducéens. Certains prêchent la dîme comme une loi spirituelle. « Donnez 10 et récoltez 100 », c'est de l'escroquerie spirituelle, à la manière de ce que l'on rencontre dans les sectes. Comme si Dieu était le gérant d'un super livret de caisse d'épargne aux intérêts imbattables ! Cet enseignement est indigne de l'Évangile de la grâce. Les marchands sont dans le Temple !

Résumons-nous

Sous la grâce, si l'on veut se conformer à la Bible, il n'y a que deux solutions possibles au sujet de l'argent : soit on met tout en commun, selon le modèle de l'Église de Jérusalem, soit, par manque de zèle, on se contente de pratiquer la dîme et les offrandes.

Il ne s'agit pas de sévérité de la part de Dieu, lorsque l'on parle de la dîme. C'est plutôt une démonstration de sa miséricorde divine envers nous, car il connaît notre faiblesse et notre tiédeur, qui nous empêchent d'atteindre l'idéal qui nous est présenté dans le modèle de l'Église de Jérusalem. Il nous est impossible d'atteindre l'excellence, qu'est la mise en commun des biens. Le fait de donner la dîme constitue en quelque sorte un aveu de faiblesse de notre part, et Dieu ne rejette jamais celui qui confesse sa faiblesse.

Ce changement de perspective nous rappelle qu'en donnant la dîme, loin d'avoir accompli un exploit, nous n'avons fait que le strict minimum. Prêcher la dîme revient donc à encourager les chrétiens, en leur disant que Dieu connaît leur faiblesse et accepte volontiers le peu qu'ils trouvent à lui donner : paradoxalement, la prédication de la dîme semble plutôt décourager les chrétiens, dont les valeurs sont peut-être inversées par rapport à celles de Dieu, ou bien parce qu'ils sont liés par une puissance démoniaque appelée « Mammon », qui ne supporte pas ce message, et qui les empêche de se réjouir en entendant parler de la dîme.

2 LA DÎME APPARTIENT À DIEU

Trois textes de l'Ancien Testament nous disent qui est le véritable propriétaire de toute chose, nous et « notre » argent y compris :

*« C'est au **Seigneur qu'appartient** la terre, avec tout ce qui s'y trouve, le monde avec tous ceux qui l'habitent »* — *Psaume 24:1.*

*« **L'argent m'appartient, l'or m'appartient** : déclaration du Seigneur des Armées »* *Aggée 2:8.*

*« **Toute dîme de la terre**, soit des semences de la terre, soit du fruit des arbres **appartient au Seigneur** ; c'est une chose consacrée au Seigneur. Si quelqu'un veut reprendre quelque chose de sa dîme, il y ajoutera un cinquième pour toute dîme de gros bétail et de petit bétail, pour tout ce qui passe sous la houlette, le dixième sera chose consacrée au Seigneur. On ne cherchera pas à savoir si l'animal est bon ou mauvais, on ne le remplacera pas, si on remplace un aninal par un autre, l'un et l'autre seront consacrés et ne pourront être repris. »* - *Lévitique 27:30-33.*

Ces trois passages s'emboîtent les uns dans les autres, un peu comme une poupée russe dénommée « matriochka », tout l'univers appartient à l'Éternel, premier élément que l'on ouvre pour trouver à l'intérieur le deuxième, l'or et l'argent appartiennent à l'Éternel, deuxième élément que l'on ouvre pour y trouver le dernier, la dîme appartient à l'Éternel, et on ne peut descendre plus bas.

Nous sommes des gérants

Parce que Dieu est le créateur, il a un droit de propriété sur tout ce qu'il a créé, l'univers et tout ce qu'il renferme, y compris nous, qui sommes sur la terre. Dieu est le maître de notre vie et de notre mort, et que nous vivions ou que nous mourions, c'est pour la gloire de Dieu. L'apôtre Paul dit vouloir glorifier le Seigneur, soit par sa vie, soit par sa mort (Philippiens 1:20). Nous n'avons pas d'inquiétude à avoir, nous lui appartenons et c'est lui qui gère toutes choses ; c'est ce que l'épître aux Hébreux appelle le sabbat, qui se rapporte d'ailleurs aussi au salut. Nous y trouvons l'accomplissement parfait du quatrième commandement de Dieu qui nous parle de ce repos : « Tu te reposeras le septième jour » » (Hébreux 4:10).

Dieu contrôle toutes choses, y compris le diable, affirmer le contraire serait une sorte de dualisme. Le dualisme est une doctrine des premiers siècles qui affirmait que deux forces égales et opposées régissent toute chose : Dieu et Satan. On retrouve ces conceptions dans le Nouvel Âge et l'évangile de la Prospérité. Cette doctrine est absolument contredite par la Bible. Le début du livre de Job montre que le diable doit rendre des comptes à Dieu, qu'il ne fait pas ce qu'il veut, mais seulement ce que Dieu lui permet. Sa puissance est limitée par la toute-puissance du Dieu souverain.

De nos jours, dans les doctrines de l'Évangile de la Prospérité, on enseigne souvent que l'univers appartient au diable par un droit légal. Cela est faux ! Tout appartient à Dieu, les passages cités plus haut sont clairs. Satan a bien dit à Jésus que tout lui appartenait (Luc 4:6), mais c'était un mensonge, car le diable est le père du mensonge, il est menteur dès le commencement (Jean 8:44), et le comble c'est qu'il ment même par la bouche de certains prédicateurs.

Le seul pouvoir du diable, c'est par le péché que nous le lui donnons. C'est ainsi que la Parole de Dieu nous dit que le monde entier gît sous la puissance du malin, à cause du péché (1 Jean 5:19). Parce que nous sommes pécheurs, nous décidons de collaborer avec le diable plutôt que d'aimer Dieu, faisant ainsi une alliance contre nature avec Satan, mais de toute façon, il fait une œuvre qui le trompe puisque Dieu a prévu le salut. Tout le problème de l'Église et des chrétiens, c'est qu'ils sont complices avec le péché.

Dans le plan de Dieu, lorsque nous remontons à la Genèse, au jardin d'Éden, quand Dieu a créé Adam et Ève, il a fait d'eux des lieutenants, c'est-à-dire des « tenants lieu ». Cela signifie qu'en terminant sa création, Dieu se donne des collaborateurs : nous les hommes. Dieu a souhaité nous confier la gestion en Son nom de tout ce qu'il a créé. C'est ce que la Genèse veut dire quand elle parle de cultiver la terre et de dominer sur les animaux, c'est-à-dire que nous sommes les gérants de Dieu dans sa création.

On entend parfois les chrétiens dire que les progrès scientifiques constituent une révolte contre Dieu. Cela est faux. La science contribue au mandat divin donné à l'homme de gérer la création, et ce jusqu'aux confins de l'univers. À cause du péché, ce mandat de gérer la création au nom de Dieu, qui devait être à l'origine une adoration, est devenu maintenant quelque chose de pénible et de difficile.

La grâce & la dîme

Une parenthèse : le sens du travail

Il est faux de dire que s'il n'y avait pas eu le péché, on ne travaillerait pas. Le travail existait avant le péché. Nous voyons que Dieu a créé Adam et Ève pour cultiver la terre. Le travail était un plaisir et une adoration de l'homme envers Dieu. Dans le mot « cultiver », il y a le mot « culte ». Le travail était un épanouissement pour l'homme, alors que maintenant, à cause du péché, il est devenu quelque chose de pénible. Son sens a été perdu. On ne travaille plus que pour gagner son pain et pour amasser des richesses, sans se souvenir qu'à l'origine, le travail a été donné pour adorer Dieu.

Le péché a donc détruit le sens du travail, et la Genèse emploie d'ailleurs, après le péché, l'expression « à la sueur de ton front » (Genèse 3:19). Le sens du travail en tant qu'adoration de Dieu et de collaboration à son œuvre a été perdu. Nous ne faisons que détruire par égoïsme et par avidité cette création, que nous sommes chargés de gérer et d'explorer au nom de Dieu. Le non-respect de l'environnement constitue un péché contre le créateur, et contre soi-même en tant que gérant de la création.

Le gérant n'est pas le propriétaire, mais à cause du péché, l'homme croit posséder quelque chose, alors qu'il est en fait censé remplir la fonction de lieutenant de Dieu. En réalité, contrairement aux apparences et à notre façon de nous exprimer (ma femme, ma voiture, ma planète...), rien n'est à nous, tout est à Dieu. Dieu ne laisse les choses entre nos mains que pour un temps, et des comptes nous seront demandés pour la gestion que nous en aurons faite. Jésus a enseigné à ce sujet à travers plusieurs paraboles.

Nous savons que Dieu peut nous reprendre du jour au lendemain ce qu'il a donné en gestion et le donner à un autre. Job en a fait durement l'expérience, puisqu'il a dû apprendre que non seulement ses biens, mais même ses enfants pouvaient lui être retirés. Et Job, un homme admirable, a dit : « Dieu a donné, Dieu a repris, béni soit son nom » (Job 1:21). Heureusement pour Job, après toute cette épreuve, Dieu a rendu, mais alors tout le monde savait que Job servait Dieu par amour et non pour les bénédictions que Dieu pouvait lui donner.

Souvent, face à une période de sécheresse spirituelle, les chrétiens se demandent ce qu'ils ont fait au bon Dieu pour mériter qu'il les abandonne de la sorte. Mais parfois, Dieu permet ce genre d'épreuves pour que nous voyions où nous en sommes par rapport a lui, si nous le servons par amour ou par intérêt. La mort d'un chrétien peut ne pas glorifier Dieu : quand Dieu reprend la vie, le bien le plus précieux, on se sent parfois abandonné de lui, alors qu'en réalité il veut simplement nous amener plus loin dans son amour, pour que nous le voyions enfin face à face.

Le deuxième passage, « l'or et l'argent appartiennent à Dieu », est souvent cité pour dire au chrétien de ne pas s'inquiéter que Dieu va lui donner beaucoup d'argent, mais en réalité, le verset signifie que tout mon argent appartient à Dieu, et que je n'en suis donc pas le propriétaire. La question n'est pas de savoir si on est riche ou pauvre, c'est plutôt une question d'attachement du cœur. Jésus a dit : « là où est ton cœur, là sera ton trésor » (Luc 1:34). Si mon cœur est dans le Royaume de Dieu plutôt que dans ma banque, dans mes maisons et dans mes terres, j'investirai dans le Royaume de Dieu. Et la rouille et la teigne ne pourront rien en détruire, contrairement à toutes les richesses que l'on peut amasser ici-bas (Matthieu 6:20).

La grâce & la dîme

La dîme appartient à Dieu

Finalement, on arrive au dernier degré, au-delà duquel il n'est plus possible de faire moins : « la dîme appartient à Dieu ». Cela signifie que, dans sa bonté, Dieu laisse tout ce qu'il nous a confié en gérance à notre disposition, excepté la dîme, qu'il nous demande de lui rendre. Cette disposition est établie pour que nous nous rappelions que rien ne nous appartient vraiment et que, par conséquent, il nous faut gérer sagement selon la volonté de Dieu, car nous aurons des comptes à rendre (Matthieu 25:19).

Si nous comprenons le mot « appartenir », nous réalisons que donner la dîme, ce n'est que rendre à Dieu ce qu'on lui doit. Autrement dit, c'est ne rien donner ! Ce n'est que rendre à autrui ce qui est à lui. En fait, nous commençons à vraiment donner quand, en plus de la dîme, nous faisons des offrandes.

Encore un petit pas ! Si la dîme est la propriété de Dieu, nous ne sommes pas libres d'en disposer à notre gré en la donnant là où bon nous semble. C'est la raison pour laquelle nous pensons qu'elle revient à notre Église locale. Ceci marque notre volonté de nous soumettre au corps du Christ et d'y servir. En revanche, Dieu nous laisse libres de faire nos offrandes là où il nous plaît. Mais évidemment toujours selon la volonté divine.

Pouvons-nous tromper Dieu ?

On peut comprendre maintenant la sévérité du prophète Malachie :

> *« Tout comme vos ancêtres avant vous, vous vous êtes écartés de mes enseignements, vous ne les avez pas observés. Revenez à moi et je reviendrai*

*à vous, je le déclare, moi, le Seigneur de l'univers. Mais voilà que vous dites : "Comment pouvons-nous revenir à toi ?" Et je vous réponds : est-il normal de tromper Dieu ? Pourtant vous, vous me trompez ! "En quoi ?" me demandez-vous. **Dans le versement de la dîme et dans vos offrandes.**» - Malachie 3:7-8.*

Le prophète prophétisait au 5e siècle avant Jésus-Christ, c'est-à-dire du temps de Néhémie au retour de l'exil à Babylone. Tout était à refaire à Jérusalem détruite et le peuple était plus soucieux de se construire des maisons luxueuses, plutôt que de reconstruire le Temple. De ce fait, l'œuvre de Dieu était négligée. Tout l'argent était destiné à la satisfaction personnelle de chacun et la dîme et les offrandes étaient détournées au profit des intérêts égoïstes.

Dieu qualifie cette attitude de tromperie envers lui. Mais le plus fort, c'est que le peuple feint de ne pas comprendre. Et pourtant si nous revenons à Dieu en lui donnant dîme et offrandes, il est prêt à revenir vers nous. Ce qui signifie qu'alors le réveil spirituel tant attendu ne manquera pas d'arriver. Nous en reparlerons plus loin.

Résumons-nous

Le fait de donner sa dîme signifie que l'on ne se considère plus comme propriétaire, mais comme simple gérant, sachant que rien ne nous appartient et que tout est à Dieu. Le fait de donner la dîme montre que nous sommes conscients d'être des mandataires, des gestionnaires à qui la création a été confiée pour la gloire de Dieu et pour son adoration. Nous ne remplissons pas par là une obligation légale, mais nous présentons à Dieu un véritable culte d'adoration auquel s'associe toute la création puisque nous en sommes les gérants.

3   LA DÎME ET LE RÉVEIL

Israël a connu différents réveils au cours de son Histoire. Nous allons maintenant nous arrêter à deux périodes de réveil. Celles-ci nous montrent comment le réveil et la dîme sont liés. Le premier réveil qui nous intéresse s'est produit sous le règne du roi Ezéchias aux 8e -7e siècles avant Jésus-Christ :

*« 1 Lorsque tout cela fut terminé, tous ceux d'Israël qui étaient présents partirent pour les villes de Juda, et ils brisèrent les statues, abattirent les idoles, et renversèrent entièrement les hauts lieux et les autels dans tout Juda et Benjamin et dans Ephraïm et Manassé. Puis tous les enfants d'Israël retournèrent dans leurs villes, chacun dans sa propriété. 2 Ezéchias rétablit les classes des sacrificateurs et des Lévites d'après leurs divisions, chacun selon ses fonctions, sacrificateurs et Lévites, pour les holocaustes et les sacrifices d'actions de grâces, pour le service, pour les chants et les louanges, aux portes du camp de l'Éternel. 3 **Le roi donna une portion de ses biens** pour les holocaustes, pour les holocaustes du matin et du soir, et pour les holocaustes des sabbats, des nouvelles lunes et des fêtes, comme il est écrit dans la loi de l'Éternel. 4 Et il dit au peuple, aux habitants de Jérusalem, de donner la portion des sacrificateurs et des Lévites,*

*afin qu'ils observent fidèlement la loi de l'Éternel. 5 Lorsque la chose fut répandue, les enfants d'Israël donnèrent en abondance les prémices du blé, du moût, de l'huile, du miel, et de tous les produits des champs ; **ils apportèrent aussi en abondance la dîme de tout.** 6 De même, les enfants d'Israël et de Juda qui demeuraient dans les villes de Juda donnèrent la dîme du gros et du menu bétail, et la dîme des choses saintes qui étaient consacrées à l'Éternel, leur Dieu, et dont on fit plusieurs tas. 7 On commença à former les tas au troisième mois, et l'on acheva au septième mois. 8 Ezéchias et les chefs vinrent voir les tas, et ils bénirent l'Éternel et son peuple d'Israël. 9 Et Ezéchias interrogea les sacrificateurs et les Lévites au sujet de ces tas. 10 Alors le souverain sacrificateur Azaria, de la maison de Tsadok, lui répondit : depuis qu'on a commencé d'apporter les offrandes dans la maison de l'Éternel, nous avons mangé, nous nous sommes rassasiés, et nous en avons beaucoup laissé, car l'Éternel a béni son peuple ; et voici la grande quantité qu'il y a de reste... 20 Voilà ce que fit Ezéchias dans tout Juda ; **il fit ce qui est bien, ce qui est droit, ce qui est vrai,** devant l'Éternel, son Dieu. 21 Il agit de tout son cœur, et il réussit dans tout ce qu'il entreprit, en recherchant son Dieu, pour le service de la maison de Dieu, pour la loi et pour les commandements. »* 2 Chroniques 31:1-10 &20-21.

Une autre période de réveil eut lieu du temps de Néhémie, justement du temps de la prophétie de Malachie, au 5° siècle avant Jésus-Christ :

« 36 Nous avons promis d'amener à la maison de notre Dieu, aux sacrificateurs qui font le service

dans la maison de notre Dieu, les premiers-nés de nos fils et de notre bétail, comme il est écrit dans la loi, les premiers-nés de nos bœufs et de nos brebis ; 37 d'apporter aux sacrificateurs, dans les chambres de la maison de notre Dieu, les prémices de notre pâte et nos offrandes, des fruits de tous les arbres, du moût et de l'huile ; et de livrer la dîme de notre sol aux Lévites qui doivent la prendre eux-mêmes dans toutes les villes situées sur les terres que nous cultivons. 38 Le sacrificateur, fils d'Aaron, sera avec les Lévites quand ils lèveront la dîme ; et les Lévites apporteront la dîme de la dîme à la maison de notre Dieu, dans les chambres de la maison du trésor. 39 Car les enfants d'Israël et les fils de Lévi apporteront dans ces chambres les offrandes de blé, de moût et d'huile ; là sont les ustensiles du sanctuaire, et se tiennent les sacrificateurs qui font le service, les portiers et les chantres. C'est ainsi que nous résolûmes de ne pas abandonner la maison de notre Dieu. » Nehémie 10:36-40.

La dîme et le réveil sont liés

Ces deux textes décrivent donc un contexte de réveil. L'un des réveils bien connus du peuple d'Israël a eu lieu sous Josias (649-609 avant J-C). Les Israélites avaient été si infidèles et avaient à ce point apostasié (renié la foi), qu'ils en étaient arrivés à oublier l'existence de la Loi donnée à Moise. C'est en faisant le ménage dans le Temple, parce qu'ils voulaient reprendre le culte du vrai Dieu, qu'ils retrouvèrent un rouleau de la Torah. En Israël, en effet, tout réveil passait par la remise en activité du Temple. En examinant le parchemin de plus près, ils se rendirent compte qu'il s'agissait de la Bible (Voir 2 Rois 22:1-28).

La grâce & la dîme

L'Écriture nous montre que dans les réveils d'Ezéchias et de Néhémie, la référence à la dîme est explicite, c'est donc que la dîme et le réveil vont ensemble : il n'y a pas de réveil sans dîme et il n'y a pas de dîme sans réveil.

Ézéchias a connu un réveil après une période terrible, le règne du roi impie Achaz :

> *« 1 Achaz avait vingt ans lorsqu'il devint roi, et il régna seize ans à Jérusalem. Il ne fit point ce qui est droit aux yeux de l'Eternel, comme avait fait David, son père. 2 Il marcha dans les voies des rois d'Israël ; et même il fit des images en métal fondu pour les Baals, 3 il brûla des parfums dans la vallée des fils de Hinnom, et il fit passer ses fils par le feu, suivant les abominations des nations que l'Éternel avait chassées devant les enfants d'Israël. 4 Il offrait des sacrifices et des parfums sur les hauts lieux, sur les collines et sous tout arbre vert. » 2 Chroniques 28:1-4.*

Les Baals étaient des dieux terribles, qui demandaient qu'on leur offre des enfants par le feu dans la fournaise. Les Israélites faisaient dévorer leurs fils par le feu dans une grande statue de Baal à la gueule ouverte, imitant ainsi les abominations des nations que le Seigneur avait dépossédées devant eux. Ils offraient des sacrifices et de l'encens sur les hauts lieux et les collines et sous tout arbre verdoyant. En ce temps-là, la religion consistait à se prostituer pour entrer en communion avec le dieu. C'est ce qu'on appelle la prostitution sacrée, que la Bible dénonce.

Ézéchias et Néhémie ont donc dû rétablir le Temple et son culte lors de ces réveils. Dans l'Ancien Testament, le Temple de Jérusalem, dont Jésus parle d'ailleurs avec la Samaritaine, était l'élément central de l'adoration (Jean4).

LA GRÂCE & LA DÎME

Les Samaritains avaient tellement bien compris son importance, qu'ils avaient construit un temple concurrent à Samarie. La Samaritaine demande à Jésus où il faut adorer, et Jésus répond que ce n'est ni à Jérusalem, ni à Samarie car l'heure vient où les vrais adorateurs adoreront en esprit et en vérité comme Dieu le désire.

Dans le Nouveau Testament, le Temple n'est plus un bâtiment, mais il est constitué par les chrétiens à la fois pris individuellement et réunis tous ensemble. Nous sommes le Temple, et tout réveil passe par la restauration du Tenmple, c'est-à-dire de l'Église et des ministères de l'Église sans lesquels elle ne peut fonctionner. Dans Éphésiens 4, nous voyons que le ministère (au singulier), qui se décline en cinq ministères (apôtres, prophètes, évangélistes, docteurs, pasteurs), renvoie à tous les chrétiens qui fonctionnent ensemble, formant ainsi le ministère de l'Église, Corps du Christ.

Mais évidemment pour qu'une Église fonctionne, elle a aussi besoin d'un bâtiment qu'il faut aménager, chauffer, assurer, entretenir... Il est passé le temps où on abritait l'Église dans un garage. Les chrétiens sont devenus exigeants quant à leur confort et ils veulent un minimum de commodités. Sont-ils prêts à contribuer financièrement à ce confort ?

Encore un petit mot à mes compagnons de ministère ! Avez-vous remarqué qu'avant de rétablir la dîme, Ezéchias a montré l'exemple ? Beaucoup d'entre nous sont gênés pour enseigner ce sujet aux chrétiens, parce qu'ils ne sont pas fidèles eux-mêmes. Nous devons être les modèles du troupeau dans ce domaine comme dans les autres (1 Pierre 5:3). Dans beaucoup d'endroits où j'ai été appelé pour un séminaire au sujet de l'argent, j'ai remarqué que de nombreux responsables n'étaient pas fidèles avec leur argent. Pourquoi voudrions-nous alors que les autres le soient ?

Le rétablissement du culte de Dieu passe par la dîme et les offrandes, tout simplement parce que l'œuvre de Dieu doit être soutenue financièrement par les enfants de Dieu pour pouvoir subsister dans ce monde. Ils exercent ainsi une partie de leur sacerdoce royal (Hébreux 13:15-16).

Les serviteurs de Dieu et la dîme

En grec, « ministère » se dit : diakonia qui signifie « service », l'étymologie de ce mot comporte l'idée de passer « à travers la poussière ». Celui qui participe au ministère accepte de passer « à travers la poussière » quand il le faut, c'est-à-dire d'exercer son service même quand les circonstances sont pénibles.

Certaines personnes n'exercent le ministère que sous ce qu'ils appellent « inspiration ». Mais le ressort du ministère, contrairement à ce que pensent ces personnes, est d'abord le service. L'apôtre Paul dit : « Nous sommes, nous les apôtres, vos serviteurs » et « malheur à moi si je plais aux hommes ». L'attitude du serviteur de Dieu doit être de servir de façon à être utile à l'Église. L'Église est le Temple, et le ministère est donné pour que ce Temple, que nous formons tous ensemble, fonctionne. Il s'agit de servir dans le but d'entraîner et de stimuler l'Église.

Les deux textes précédents sont clairs, la dîme sert évidemment au fonctionnement de l'œuvre de Dieu, c'est-à-dire de l'Église. Mais elle doit aussi être utilisée pour subvenir aux besoins des serviteurs de Dieu qui travaillent à plein temps. Le travail à plein temps des serviteurs de Dieu est un facteur de réveil. Lors des réveils d'Ezéchias et d'Esdras, on subvenait aux besoins des prêtres et des lévites avec les dîmes et les offrandes, et dans le Nouveau Testament. Le même principe est appliqué pour ceux qui prêchent l'Évangile.

> *« 13 Ne savez-vous pas que ceux qui remplissent les fonctions sacrées sont nourris par le temple, que ceux qui servent à l'autel ont part à l'autel ? 14 **De même aussi**, le Seigneur a ordonné à ceux qui annoncent l'Evangile de vivre de l'Evangile. » 1 Corinthiens 9:13-14.*

Paul applique ici le principe de l'Ancien Testament, où les prêtres qui servent dans le Temple, sont nourris par le Temple et par l'autel, à l'Eglise, où ceux qui exercent le ministère doivent être nourris par l'annonce de l'Évangile.

L'apôtre précise sa pensée dans Galates :

> *« Que celui à qui on enseigne la Parole **fasse une part de tous ses biens** pour celui qui l'enseigne »* — *Galates 6:6.*

Le plan de Dieu pour ceux et celles qui exercent un ministère n'est pas qu'ils aient un autre métier en parallèle : professeur de religion, assureur, employé de bureau, homme d'affaires... mais qu'ils se consacrent entièrement à l'annonce de l'Évangile. Pour cela, il incombe à l'Église, et donc aux chrétiens, de pourvoir à leurs besoins en leur versant un salaire décent.

Une légende évangélique sert souvent d'excuse aux chrétiens pour réfuter ce concept biblique : les tentes de l'apôtre Paul. Paul a fabriqué des tentes dans son ministère exactement pendant trois mois, quand il est arrivé à Corinthe, car il fallait fonder l'Église, et il était seul, sans aucun chrétien pour le soutenir. Mais dès que l'Église a été démarrée, l'apôtre Paul s'est directement remis au travail à plein temps.

Du reste, l'Eglise de Philippes lui avait ouvert un compte en banque où il puisait pour subvenir à ses besoins, comme nous le voyons ci-dessous :

« 15 Vous le savez vous-mêmes, Philippiens, au commencement de la prédication de l'Évangile, lorsque je partis de la Macédoine, aucune Église n'entra en compte avec moi pour ce qu'elle donnait et recevait ; 16 vous fûtes les seuls à le faire, car vous m'envoyâtes déjà à Thessalonique, et à deux reprises, de quoi pourvoir à mes besoins. » Philippiens 4:15-16,

la version Osty dit :

*« aucune Eglise ne m'assista en m'ouvrant un **compte de droit et avoir** ; vous fûtes les seuls ».*

Et que dire de ce verset, ou Paul rappelle aux Corinthiens qu'il recevait un salaire des Églises :

*« J'ai débouillé d'autres Eglises, en recevant d'elles **un salaire** pour vous servir » 2 Corinthiens 1:7-9.*

À la Réforme du seizième siècle, les réformateurs ont sagement décidé que les pasteurs devaient recevoir un salaire des Églises. Ceci permet, encore de nous jours, que les actes pastoraux : baptêmes, bénédictions des mariages, obsèques..., soient gratuits. L'Église catholique de l'époque faisait payer chèrement les interventions de ses prêtres. Aujourd'hui encore, la différence entre les deux confessions, protestante et catholique, est évidente à ce point de vue.

L'Église souffre d'une pénurie dans le ministère. Certes

des pasteurs desservent encore les paroisses (combien sont à plein temps ?), mais la relève commence à manquer : En outre, où sont les apôtres, les prophètes, les docteurs, les évangélistes ? Ceux-ci manquent faute de moyens financiers, et les moyens ne viennent pas parce que nous avons peur de prêcher la dîme. Parfois par peur de la réaction des fidèles, mais parfois aussi parce nous avons honte de ne pas la donner nous-mêmes, alors que nous devrions être les premiers à le faire. C'est ainsi que le pays végète lamentablement et que le réveil ne vient pas.

La dîme, source de bénédiction

La Parole de Dieu fait un éloge appuyé du roi Ezéchias pour le rétablissement de la dîme et des offrandes :

> « *20 Voilà ce que fit Ezéchias dans tout Juda ; **il fit ce qui est bien, ce qui est droit, ce qui est vrai,** devant l'Éternel, son Dieu. 21 Il agit de tout son cœur, et il réussit dans tout ce qu'il entreprit, en recherchant son Dieu, pour le service de la maison de Dieu, pour la loi et pour les commandements.* » 2 Chroniques 31:20-21.

Donner la dîme et les offrandes pour l'œuvre de Dieu est qualifié de bien, droit et vrai. Au Contraire, ne pas le faire est mal, injuste et faux devant Dieu. Évidemment, nous lisons qu'il faut agir de tout son cœur par amour de Dieu et non sous la contrainte de la Loi ou d'une pression extérieure. Certains appels financiers dans les réunions chrétiennes s'apparentent plus à une pression psychologique et une manipulation mentale. Cela n'est pas correct. Nous y reviendrons bientôt.

Pourtant je ne serais pas complet si, à la suite de l'Écriture, je ne disais pas que la fidélité d'Ézéchias avec l'argent a amené sur sa vie la bénédiction et le succès. Je suis persuadé que beaucoup d'entreprises de l'Église n'ont pas les résultats escomptés à cause du manque de fidélité dans le domaine financier.

Malachie ne dit pas autre chose :

« *Apportez à la maison du trésor toutes les dîmes, afin qu'il y ait de **la nourriture dans ma maison** ; mettez-moi de la sorte à l'épreuve, dit l'Éternel des armées, et vous verrez si je n'ouvre pas pour vous les écluses des cieux, si je ne répands pas **sur vous la bénédiction en abondance.** » Malachie 3:10.*

Il est évident que Dieu n'a pas besoin de provisions pour se nourrir et se garder en vie. Il le déclare dans Psaume 50:12-13:

« *Si j'avais faim, je ne te le dirais pas, car le monde est à moi et tout ce qui le remplit. Est-ce que je mange la chair des taureaux ? Est-ce que je bois le sang des boucs ?* »

Une petite question : qui a besoin de manger et de boire dans la Maison de Dieu ? Dans l'Ancien Testament, ce sont les prêtres et les lévites qui servent à l'autel. Et dans le Nouveau Testament, ce sont ceux qui exercent un ministère au service de l'Église. Ceci confirme ce que je disais plus haut.

Toujours est-il que Dieu s'engage à nous bénir au-delà de toute mesure tant matériellement que spirituellement. Nous faisons donc un mauvais calcul en retenant notre argent égoïstement.

Résumons-nous

Nous prions à juste titre pour le réveil dans notre pays et en Europe et nous ressentons de la frustration. Nous sommes même parfois près de penser que Dieu n'est pas fidèle ! Et Dieu nous donne sa réponse en nous demandant de le mettre à l'épreuve avec notre argent. Sa demande est assortie d'une promesse de bénédiction. Voilà une des clés du réveil tant attendu.

Voici donc notre engagement :

« *Nous* **n'abandonnerons pas** *la Maison de notre Dieu* » — *Néhémie 10:39.*

4 — LA DÎME : UN ACTE DE FOI

L'affirmation fondamentale constitutive de l'Évangile est celle du salut par grâce au moyen de la foi sans les œuvres :

> **« C'est par la grâce en effet que vous êtes sauvés, par le moyen de la foi.** *Et cela ne vient pas de vous, c'est le don de Dieu. Ce n'est point par les œuvres, afin que personnene se glorifies »* - *Ephésiens 2:8-9.*

Le réformateur Martin Luther a dit à juste titre que sur cette vérité l'Église chrétienne tient debout ou tombe.

Cependant la Bible dit aussi que la foi, qui est un don du Saint-Esprit, doit produire des œuvres préparées par Dieu afin que nous les pratiquions :

> *« Comme le corps sans esprit est mort,* **de même la foi sans les œuvres est morte »** — *Jacques 2:26.*

> *« Car nous sommes son ouvrage, nous avons été créés en Christ-Jésus pour des œuvres bonnes que Dieu a préparées d'avance,* **afin que nous les pratiquions »** — *Ephésiens 2 h 10.*

Dieu, en nous sauvant, loin d'attendre de nous de la passivité, a aussi préparé des œuvres que nous devons pratiquer par amour pour lui comme une action de grâces et une adoration. Certaines œuvres sont communes à tous, tandis que d'autres sont particulières à chacun, selon l'appel, les dons et le ministère... La dîme et les offrandes font partie de la première catégorie d'œuvres de la foi. Chacun de nous est donc appelé à faire des actes de foi dans le domaine des finances.

Mettre Dieu à l'épreuve

Retournons une nouvelle fois dans le livre de Malachie :

> «*Appportez à la maison du trésor toutes les dîmes, afin qu'il y ait de la nourriture dans ma maison ; **mettez-moi de la sorte à l'épreuve**, dit l'Éternel des armées. Et vous verrez si je n'ouvre pas pour vous les écluses des cieux, si je ne répands pas sur vous la bénédiction en abondance. Pour vous je menacerai celui qui dévore, et il ne vous détruira pas les fruits de la terre, et la vigne ne sera pas stérile dans vos Campagnes, dit l'Éternel des Armées. Toutes les nations vous diront beureux, car vous serez un pays de délices, dit l'ternel des Armées»* - Malachie 3:10-12.

Nous sommes ici en présence du seul verset dans toute la Bible, où Dieu nous permet de le mettre à l'épreuve et nous demande même de le faire. Il concerne la dîme et les offrandes. Dans toute autre circonstance, le faire est un péché :

> «*Ils recommencèrent **à tenter Dieu et à provoquer** le Saint d'Israël»* — Psaume 78:41.

Donner la dîme est, par conséquent, un acte de foi,

une manière d'éprouver Dieu dans ses promesses. Quand nous donnons la dîme, nous faisons un acte de foi, parfois on parle aussi d'acte prophétique. Nous mettons notre confiance en Dieu et nous nous attendons à sa bénédiction. Il ne s'agit pas seulement de bénédictions en argent et de bénédictions matérielles, mais « les écluses des cieux » font référence à toutes les bénédictions que Dieu nous donne, matérielles comme spirituelles.

Dieu s'engage donc solennellement à nous bénir dans sa grâce. Il peut arriver que nous trompions Dieu, mais pensons-nous que Dieu peut nous tromper quand il nous fait ses promesses ? Alors serons-nous fidèles envers lui avec notre argent ?

Semer pour récolter

Le principe « semer et récolter » est vraisemblablement celui qui est le plus développé de nos jours dans les Églises, quand il s'agit de l'argent. Bien sûr, ce thème est biblique comme nous le voyons dans le passage de Paul cité ci-dessous. Mais il n'est pas certain que l'usage que l'on en fait soit bien conforme à l'enseignement général des Écritures.

> *« Sachez-le, **celui qui sème peu moissonnera peu, et celui qui sème abondamment moissonnera abondamment.** Que chacun donne comme il l'a résolu en son cœur, sans tristesse ni contrainte ; car Dieu aime celui qui donne avec joie. Et Dieu peut vous combler de toutes sortes de grâces, afin que, possédant toujours en toutes choses de quoi satisfaire à tous vos besoins, vous ayez encore en abondance pour toute bonne œuvre, selon qu'il est écrit : il a fait des largesses, il a donné aux indigents ; sa justice subsiste à jamais. Celui qui fournit de la semence au semeur, et du pain pour sa nourri-*

ture vous fournira et vous multipliera la semence, et il augmentera les fruits de votre justice. Vous serez de la sorte enrichis à tous égards pour toute espèce de libéralités qui, par notre moyen, feront offrir à Dieu des Actions de grâces. Car le secours de cette assistance non seulement pourvoit aux besoins des saints, mais il est encore une source abondante de nombreuses actions de grâces envers Dieu» - 2 Corinthiens 9:6-12.

Ce texte parle des offrandes plutôt que de la dîme. Son contexte est connu : la famine qui eut lieu en Judée. Il s'agissait donc pour les Corinthiens de secourir les chrétiens victimes d'une catastrophe naturelle. Pourtant, les principes qui s'appliquent aux offrandes sont aussi valables pour la dîme.

Paul nous affirme qu'il faut semer pour récolter. La métaphore de l'agriculture n'est pas prise au hasard. Ainsi, celui qui sème accepte une perte apparente. En effet, il ne consomme pas ce qu'il met en terre. Il plante en espérant récolter cinq, dix ou plus pour un. Celui qui sème beaucoup récolte beaucoup, et celui qui sème peu récolte peu. Dans la démonstration de Paul, ce qui vrai dans l'ordre de la nature se vérifie également dans le domaine spirituel.

La dîme et les offrandes sont une semence, et si on accepte de la planter, on peut s'attendre à une récolte. Beaucoup de chrétiens de nos jours pensent avoir compris ce principe et font un petit commerce et un marchandage avec Dieu. Certains pensent même s'enrichir. Mieux que la caisse d'épargne ! Dieu ne bénit pas ce genre de calcul machiavélique, qui ne fait que satisfaire la chair.

Les prédicateurs de l'Évangile de la prospérité sont devenus des maîtres dans cette sorte de raisonnement.

Ils oublient que quand on sème de l'argent, la récolte se fait en toutes sortes de bénédictions, contrairement à ce qu'enseigne l'Évangile de la prospérité. Ceci est une tromperie qui ne sert qu'à manipuler les porte-monnaie. Jésus dit explicitement que, si certaines récoltes auront lieu sur la terre, d'autres, et les meilleures, viendront dans le ciel (Luc 18:30).

C'est bien ce genre de troc avec Dieu et le trafic des bénédictions qui ont été reprochés aux marchands du Temple, que Jésus a chassés par deux fois dans son ministère. Sermer et récolter n'est pas une « loi », qui engage Dieu comme par un contrat. Nous devons toujours nous maintenir sur le terrain de la grâce et de l'amour. Si nous sommes animés d'une mentalité de profit et d'enrichissement personnel, Dieu ne se laissera pas « rouler ».

Déjà vers la fin du 1er siècle ou le début du 2e, la Didachè mettait en garde contre les apôtres et les prophètes itinérants qui demandaient de l'argent pour eux-mêmes (11:2). Pourtant la légitimité du soutien financier des serviteurs de Dieu fixés dans l'Eglise locale y est approuvée (13:1-3). Il faut croire que le problème n'est pas nouveau.

Les dispositions pour donner

Le verset de 2 Corinthiens 9:7 nous enseigne trois principes au sujet de l'argent : il faut pouvoir le donner « sans tristesse », autrement c'est le signe d'un problème de cupidité à régler, « sans contrainte », c'est-à-dire en étant convaincu par le Saint-Esprit et non par une mauvaise motivation de profit ou par une pression extérieure, et enfin « avec joie ».

Si nous voulons respecter ces trois principes, nous devons veiller à garantir l'anonymat et la liberté des donateurs. Il est inconcevable d'instaurer un système contraignant dans le domaine financier. Le chantage spirituel auquel nous assistons dans certains appels financiers est non seulement une pression morale insupportable, mais aussi une malhonnêteté. Dans de telles conditions je préfère m'abstenir et réserver mon argent pour d'autres circonstances plus sérieuses.

Encore un point : nous devons pratiquer une transparence financière complète dans l'Église. Il s'agit de notre mise en commun, par conséquent chaque personne qui y participe a le droit d'être tenue au courant de la marche financière de l'œuvre de Dieu. Là où la clarté des finances est douteuse, les chrétiens retiendront avec raison leur argent. C'est une question de confiance réciproque.

Résumons-nous

La promesse de Dieu s'accomplira : nous croyons perdre en étant fidèles à la dîme et aux offrandes, mais Dieu nous enrichit tant matériellement que spirituellement. Mais attention, ce n'est pas pour notre jouissance égoïste. C'est pour que de plus belle nous apprenions à donner encore plus. Voilà la teneur du véritable enseignement de l'apôtre Paul.

L'Évangile renverse nos valeurs. Alors que nous nous réjouissons lorsque nous recevons, nous apprenons de la bouche du Seigneur qu'il y a « plus de bonheur à donner qu'à recevoir » (Actes 20:35). Pour cela, une conversion de nos mentalités est nécessaire.

LA DÎME : TEST DE LA CUPIDITÉ

Le mot « cupidité » est mal compris de nos jours. Il a pris un air de vieux et pourtant il est bien français. Le dictionnaire donne la définition suivante : « Cupidité : Emprunté au latin cupiditas, "désir, envie, passion". Désir immodéré des richesses ».

La Bible contient des avertissements sérieux contre la cupidité, autrement dit l'amour de l'argent. Pourtant au cours de mon ministère, je n'ai jamais entendu la confession spontanée d'une personne qui se trouvait cupide. Ceci vient du fait que l'enseignement donné dans nos Églises ne présente pas de critère objectif pour que les chrétiens puissent s'examiner. Je me propose de donner maintenant un test de la cupidité.

La cupidité est une idolâtrie

Jésus ne plaisante pas quand il est question de l'amour des richesses :

« Nul ne peut servir deux maîtres. Car, ou il haïra l'un, et aimera l'autre : ou il s'attachera à l'un, et méprisera l'autre. **Vous ne pouvez servir Dieu et Mammon.** *C'est pourquoi je vous dis : ne vous inquiétez pas pour votre vie de ce que vous mangerez, pour votre corps, ni de quoi vous serez vêtus. La vie n'est-elle pas plus que la nourriture, et le corps*

plus que le vêtement ?» - Matthieu 6:24-25.

Mammon est le dieu syrien de l'argent. C'est un démon, le seul que Jésus désigne par son nom

dans l'Évangile. Il est ainsi nommé pour que nous puissions mieux l'identifier. Il s'agit donc du désir de celui qui veut posséder de l'argent. Nous sommes mis sérieusement en garde contre ce démon. Il régit notre société, où tout tourne autour de l'argent. Beaucoup de chrétiens en sont les victimes sans s'en rendre compte.

En fait, il s'agit d'une idolâtrie, au même titre que l'adoration de statues et d'images. La cupidité est aussi grave que l'impureté sexuelle — qui n'est pas plus grave aux yeux de Dieu que tout autre péché. Jésus montre avec la femme adultère que tous les péchés sont aussi graves les uns que les autres. C'est nous qui faisons des catégories, comme si certains péchés étaient plus mortels que d'autres.

Jésus dit ici que notre attachement à l'argent est le symptôme d'autre chose : de l'inquiétude, qui vient d'un manque de foi et de confiance en Dieu qui pourvoit à nos besoins. Ce manque de foi dans les promesses de Dieu engendre l'inquiétude et la cupidité, voilà le cercle vicieux diabolique dont Mammon se sert pour nous tenir captifs. L'inquiétude est un péché, puisque c'est un manque de confiance en Dieu. La cupidité est donc une idole à abattre. Nous sommes devant un choix : faire confiance à Dieu pour vivre sans inquiétude, ou faire confiance à notre argent, ce qui provoque bien des insomnies.

À son tour l'apôtre Paul est d'une sévérité rare :

> *« Car, sachez-le bien, aucun de ceux qui se livrent à l'inconduite sexuelle, à l'impureté ou **à la cupidité, c'est-à-dire, une idolâtrie**, n'a d'héritage*

dans le royaume de Christ et de Dieu » — Éphésiens 5:5.

*« Faites donc mourir ce qui n'est que terrestre, l'impudicité, l'impureté, les passions, les mauvais désirs, et **la cupidité, qui est une idolâtrie** »* — *Colossiens 3:5.*

Tout chrétien conviendra que l'inconduite sexuelle, les passions et les mauvais désirs nous conduisent à la perdition ; mais sommes-nous conscients que notre attachement à l'argent nous prive de notre héritage céleste et de la présence de Dieu ?

J'ai déjà vu que l'on mettait des fidèles sous discipline pour adultère ou une passion quelconque, jamais pour être trop attachés à l'argent ! D'où vient qu'il y ait deux poids, deux mesures ? Serions-nous tous complices de Mammon ?

Une racine de tous les maux

Continuons notre réflexion avec l'apôtre Paul :

*« Mais ceux qui veulent s'enrichir tombent dans la tentation, dans le piège, et dans beaucoup de désirs insensés et pernicieux qui plongent les hommes dans la ruine et la perdition. **Car l'amour de l'argent est une racine de tous les maux** ; et quelquesuns, en étant possédés, se sont égarés loin de la foi, et se sont jetés eux-mêmes dans bien des tourments »* - *1 Timothée 6:9-10.*

Nous apprenons que l'amour de l'argent est une racine de tous les maux, ce qui signifie que tout ce qui se fait de mal est engendré par la cupidité. La prostitution, le trafic de drogue, l'industrie du tabac, les détournements financiers grands ou petits, le travail au noir, etc. ne sont au final que des entreprises commerciales qui ont l'amour de l'argent à leur base. Notre Société et nos vies sont « possédées » par ce Mammon.

Les conséquences de cette possession ne sont pas petites. Reprenons les expressions de Paul. Non seulement les chrétiens sont tentés, mais ils tombent dans le piège. Ils deviennent insensés dans leurs désirs. Ils ruinent leur communion avec Dieu et se perdent loin de la foi. Ils se précipitent eux-mêmes dans les tourments... Notre amour de l'argent est-il si intéressant ?

Une précision s'impose. Nous parlons bien de l'amour de l'argent et du désir de s'enrichir. En soi l'argent n'est ni bon ni mauvais. Il n'est qu'un instrument dont nous pouvons faire le meilleur comme le pire. Mais nous ne devons jamais le laisser nous dominer et nous conduire. Il peut être un bon serviteur, mais il est toujours un mauvais maître.

« Celui qui aime l'argent n'est pas rassasié par l'argent, et celui qui aime les richesses n'en profite pas. C'est encore là une vanité » — *Ecclésiaste 5:9.*

Le test de la cupidité

La cupidité engendre donc des désirs qui égarent, et Paul va jusqu'à parler de possession, qui peut mener celui qui veut s'enrichir jusqu'à la perdition éternelle. Le cupide doit être délivré. Il faudra même parfois carrément chasser un démon. Mais comment savoir que nous sommes cupides, puisque dans le domaine de l'argent, tout le monde semble penser tenir le bon équilibre ?

Un test permet de le savoir. Prenons un exemple : on

se sait atteint de fièvre quand la température corporelle dépasse 37°. C'est l'étalon de mesure. Dieu nous donne aussi un étalon qui permet de mesurer la cupidité. Il s'agit de la dîme. Nous commençons à comprendre : pour la fièvre : 37°, pour la cupidité : 10 %. La dîme permet de poser le diagnostic de la cupidité. Si on n'est pas capable d'être fidèle dans sa dîme, on est atteint de cupidité. Une rectification s'impose alors.

Tout ce que venons d'apprendre concerne notre sanctification. La cupidité appartient à notre nature terrestre qui doit mourir. Évidemment, bien d'autres domaines de notre vieille nature doivent être cloués à la croix. Mais il semble que l'amour de l'argent soit un des plus difficiles à vaincre :

> *« Faites donc mourir votre nature terrestre : l'inconduite, l'impureté, les passions, les mauvais désirs et la cupidité qui est une idolâtrie »* — *Colossiens 3:5*.

Résumons-nous

La cupidité est une idolâtrie. Nous devons nous en séparer par une réelle repentance. Parfois même il faudra une libération. Ce sera toujours un point de sanctification à réaliser : le moyen de savoir où nous en sommes est d'examiner notre attitude envers la dîme.

CONCLUSION

J'ai souvent entendu que les prédicateurs interprétaient mal l'épisode de la pauvre veuve dans l'Évangile :

*«Assis vis-à-vis du tronc, Jésus regardait comment la foule y mettait de l'argent. Plusieurs riches mettaient beaucoup. Il vint aussi une pauvre veuve, et elle y mit deux petites pièces faisant un quart de sou. Alors Jésus appela ses disciples et leur dit : En vérité, je vous le dis, cette pauvre veuve a mis plus qu'aucun de ceux qui ont mis dans le tronc ; car tous ont mis de leur superflu, **mais ele a mis de son nécessaire, tout ce qu'elle possédait,** tout ce qu'elle avait pour vivres »* - Marc 12:41-44.

On commente souvent ce texte en interprétant que Dieu se contente de peu : un quart de sou, soit 1,25 centime d'euro ! Mais la conclusion de Jésus interdit ce genre d'explication. Dieu ne nous demande pas seulement de notre superflu, il peut arriver qu'il nous demande même de notre nécessaire. En fait cette pauvre veuve reçoit l'approbation du Seigneur, parce qu'elle a donné tout ce qu'elle avait !

Sommes-nous prêts à imiter cette femme, si Dieu nous le demande ? Et, si tel n'est pas son plan à notre égard, à être au moins fidèles à ce que sa parole écrite nous montre : la dîme et les offrandes pour l'avancement de son œuvre.

J'espère que cette brochure aidera plus d'un chrétien à devenir un peu plus disciple avec son argent :

> *« Ainsi donc, quiconque d'entre vous **ne renonce pas à tout ce qu'il possède** ne peut être mon disciple »* — *Luc 14:33.*

En guise de conclusion, je vous laisse deux versets à méditer :

> *« Tel, qui fait des largesses, devient plus riche et tel, qui épargne à l'excès, ne fait que s'appauvrir. Celui qui répand la bénédiction sera dans l'abondance, et celui qui arrose sera lui-même arrosé. »* *Proverbes 11:24-25*

Les deux annexes suivantes ne figuraient pas dans l'édition originale.

LE SACRIFICE DES DAYAKS
HISTOIRE ÉMOUVANTE
DES CHRÉTIENS DE BORNÉO

ARTHUR MOUW

L'histoire que je vais raconter concerne le travail effectué dans le Bélitang, sur l'île de Bornéo (Pacifique). Ce pays s'est ouvert à l'Évangile au début de 1935. Quatre années plus tard, le total des croyants baptisés s'élevait à 2640.

Je ne veux pas parler ici de quelques personnes qui auraient accepté un credo quelconque, mais de vrais chrétiens qui possèdent actuellement la vie divine en eux par la foi en Jésus-Christ, qui l'ont reçu personnellement comme Sauveur — qui sont vraiment nés de nouveau selon l'Écriture.

Mon intention n'est pas de raconter comment l'Évangile fut prêché et porta du fruit. Qu'il suffise de dire que pendant les années qui suivirent 1939, 1400 croyants de plus s'ajoutèrent au groupe des chrétiens. Je souligne particulièrement l'année 1939, car c'est en cette année-là que le Seigneur manifesta sa bonté envers l'église et qu'elle devint finalement totalement indépendante sur le plan financier.

Je dis finalement, parce que cela ne s'est pas fait en une nuit et que ce ne fut pas chose facile. Il y fallait la direction de Dieu et une conviction profonde pour admettre qu'une organisation ne pouvait subsister longtemps si elle était édifiée sur le sable mouvant d'un financement étranger.

Nous étions convaincus qu'une structure ainsi construite ne pouvait que s'effondrer avec la cessation de l'aide extérieure. Aujourd'hui, dans une région d'un rayon de 80 kilomètres autour de notre habitation, et comme un monument qui témoigne de la puissance de l'Évangile, s'élèvent dix temples ayant chacun son presbytère habité par le pasteur et sa famille. Ces édifices ont été construits par les Dayaks chrétiens. Il n'y a pas un centime de dette et pas un sou n'est venu de l'extérieur pour aider à achever ces constructions.

Plus que cela : les pasteurs sont salariés par leurs congrégations respectives et, à cette date, il y a assez de « paddy » » (riz non décortiqué) dans les greniers du temple pour nourrir le serviteur et sa famille pendant plus d'un an, alors que la récolte n'a été faite que depuis six mois.

Dieu fait un miracle

Comment un tel miracle a-t-il pu s'opérer ? Absolument rien dans le travail n'a été original. L'appel, la prédication, l'enseignement, les préceptes se trouvent tous dans la Parole de Dieu. Ils ont fait leurs preuves longtemps avant que je ne sois né.

Un dimanche matin de 1935, je pénétrais dans un bosquet d'arbres à caoutchouc pour y donner le message à quelque 900 Dayaks réunis à l'ombre. Dieu, par son Esprit, parla à mon cœur et me demande : — pourquoi es-tu ici ?

Je tressaillis, mais répondis vivement : – parce que tu m'as appelé.

– Pourquoi es-tu ici ? La question me fut à nouveau posée. Et je répondis en mon cœur : – mais Seigneur, tu as dit : « Allez par tout le monde et prêchez l'Évangile. » Les païens sont autour de nous, ils ont besoin de l'entendre et c'est pourquoi je suis ici.

— Pourquoi es-tu ici ? Me fut demandé pour la troisième fois. Alors mon cœur se brisa. Je compris que la seule réponse qui importait était :

« Seigneur, parce que je t'aime ! » Comme si des écailles me tombaient des yeux je vis alors les 900 chrétiens attendant ma venue et mon message. En un éclair, je vis qu'ils s'appuyaient TROP SUR MOI.

Je criai au Seigneur ma honte :

— Seigneur, pardonne-moi.

Je pensais aimer ces Dayaks et je crois que c'était vrai dans un sens, et je me flattais de ce qu'eux aussi m'aimaient. Mais, est-ce que je les aimais du véritable amour ?

L'amour véritable est tendre ; il est aussi ferme et fort.

C'est ainsi qu'est l'amour de Dieu.

En m'acheminant vers le bosquet, le message que j'avais l'intention de donner m'échappait. De tout mon cœur, je m'efforçai alors d'enseigner aux Dayaks à regarder à Dieu et non à moi. Je leur dis en substance :

— Le jour viendra, parce que je suis étranger, qu'il ne me sera plus permis de me tenir devant vous comme aujourd'hui. Quand je ne serai plus là, à qui regarderez-vous ?

Je ne savais pas que je prophétisais, car sept années plus tard, je devais me sauver avec ma famille pour échapper à l'envahisseur.

La grâce & la dîme

Le nouvel enseignement

Depuis longtemps déjà, je croyais que l'église locale devait vivre par elle-même et c'était là ma vision de l'église future à Bornéo. Mais croire et enseigner n'est pas suffisant ; il faut passer à l'action.

Je fis alors venir les deux évangélistes diplômés de l'institut biblique de Makassar. Ces deux aides n'étaient pas des Dayaks, ils étaient nés dans d'autres îles. Je leur donnai ce qui me semblait un bon enseignement concernant l'indépendance financière de l'église.

Heureux de les instruire, mon cœur brûlait d'enthousiasme en leur parlant.

Je leur montrai que « Dieu aime celui qui donne avec joie » (2 Corinthiens 9:7), qu'il y a plus de bonheur à donner qu'à recevoir » (Actes 20:35).

Je leur soumis ces passages des Écritures et encore bien d'autres, qu'ils approuvaient de la tête. En voyant cela, je parlais avec plus d'enthousiasme et je sentais que le message allait droit au cœur.

Comme dernier argument, je conclus par le troisième chapitre de Malachie, verset 10 :

> *« Apportez à la maison du trésor toutes les dîmes afin qu'il y ait de la nourriture dans ma maison ; mettez-moi de la sorte à l'épreuve, dit l'Éternel des armées. Et vous verrez si je n'ouvre pas pour vous les écluses des cieux, si je ne répands pas sur vous la bénédiction en abondance. »*

Et je terminai : – la raison pour laquelle je vous ai ainsi parlé d'après l'Écriture c'est que je crois que Dieu veut que nous aidions les chrétiens Dayaks à subvenir à leurs propres besoins. Je désire que vous enseigniez aux Dayaks la libéralité.

Un commencement difficile

La réponse de ces deux aides fut plutôt décevante. D'une seule voix, ils répondirent : — il est impossible d'enseigner aux Dayaks à donner ; ils sont trop pauvres.

Ils étaient en effet très pauvres. Ils auraient pu mettre toutes leurs possessions terrestres dans un bidon de 20 litres. Le caoutchouc ne valait qu'un franc par kati (670 grammes) à l'époque. Tout le monde cherchait du travail et on pouvait louer n'importe quel coolie à raison de 2 francs par jour avec nourriture ou 4 francs sans nourriture.

L'argument, « trop pauvre », toutefois n'était pas dans la Bible. Dieu avait dit : « apportez toutes les dîmes » ou un dixième de ce que vous avez. Nous ne pouvions demander qu'un dixième, mais les aides objectaient :

– Tuan (Monsieur) les Dayaks souffrent de la famine quatre à six mois de l'année ; oserions-nous leur demander de donner, de se restreindre davantage ?

Ceci semblait logique, et le mot « impossible » revenait fréquemment. MAIS LA LOGIQUE N'EST PAS LA FOI, et la foi affirmait : « cela se peut ».

J'étais profondément déçu alors que mes aides croyaient au message donné par la Parole.

En ce qui les concernait, ils ne voyaient qu'une méthode : continuer à recevoir leur salaire tous les mois de la caisse du quartier général qui, elle-même, était alimentée de l'extérieur. Pourquoise faire du souci ?

La discussion fut chaude : je fis valoir que la déclaration de Philippiens 4:19 n'était pas pour tous. Paul pouvait dire aux Philippiens : « Mon Dieu pourvoira à tous vos besoins », parce que les Philippiens se souvenaient des besoins de Paul et de l'église. La même promesse ne s'appliquait pas aux Corinthiens de l'époque.

Point de volonté

En fin de compte, il était inutile d'essayer d'inspirer ou de créer la foi dans le cœur de ces ouvriers, car « la foi vient de ce qu'on entend, et ce qu'on entend de la Parole de Christ », Or ils l'entendaient, mais il n'y avait point de réaction de leur part, point de volonté pour obéir au commandement de Dieu ; aussi la foi n'était-elle pas engendrée dans leur cœur. Ils demeuraient indifférents et ils finirent par déclarer : — Tuan, nous savons que c'est impossible ; nous ne pouvons enseigner à ces gens de donner la dîme, ils sont trop pauvres. Mais si tu y crois tellement, pourquoi ne pas le leur enseigner toi-même ?

Je fis une déclaration finale : – Dieu a promis dans Sa Parole de bénir les gens qui lui donneraient la dîme. Les Dayaks ignorent tout de la dîme et de la bénédiction promise. Ils ne savent ni lire ni écrire. C'est nous qui devons leur enseigner ce qu'est la dîme. En les laissant dans l'ignorance, nous les privons de la bénédiction que Dieu veut leur donner et il nous en tiendra donc pour responsables.

L'argument ne donna pas de résultats et mes évangélistes me répétaient : – Si tu y crois tellement, pourquoi e l'enseignes-tu pas toi-même, Tuan ?

J'y crois, mais je désire que vous le leur enseigniez pour que vous aussi puissiez recevoir la bénédiction parce qu'elle se trouve dans l'enseignement.

Ils me regardèrent d'un œil bizarre et interrogateur. Par l'expression de leur visage, je pouvais me rendre compte qu'ils ne demandaient pas mieux que je reçoive TOUTE la bénédiction.

Mes expériences personnelles

Je crois que la dîme est un minimum. Je l'ai donnée depuis l'âge de huit ans, mon père et ma mère me l'avaient enseignée et l'avaient pratiquée eux-mêmes. La dîme est à l'Éternel. Peu importait l'état de nos finances, la dîme était mise à part pour le Seigneur. Je crois ce que dit David :

« Jai été jeune, j'ai vieilli, et je n'ai point vu le juste abandonné ni sa postérité mendiant son pain » (Psaume 37:25). Mon père ne mendiait jamais, et nous n'avons jamais manqué un repas de notre vie. Mais voici l'épreuve « Faites-le vous-même ».

Je me mis à visiter les chrétiens Dayaks, allant de village en village. J'avais avec moi deux Thomas remplis de doutes (mes deux aides) pour commencer chaque service. Et à cause de cela, je dois bien l'avouer, je travaillais avec peur et tremblement, me rappelant certaines de leurs paroles : « nous ne pouvons enlever la nourriture à ce peuple affamé ».

Tout d'abord, je demandai aux Dayaks s'ils savaient comment j'étais venu à Bornéo. La réponse était toute simple :

– Par bateau.

– Mon pays est très éloigné d'ici et cela coûte 20 000 francs pour venir jusqu'ici. D'où est venu l'argent ?

– Tuan est riche, il a beaucoup d'argent, fut la simple réponse.

Ce que nous possédions était bien rudimentaire dans notre foyer de la jungle. Mais pour les Dayaks, notre table et nos quatre chaises, la vaisselle et les couteaux étaient une richesse qu'ils ne pouvaient concevoir. Aussi la réponse fut-elle : « Tuan est riche ! »

Ils croyaient que je l'étais et l'argument que je comptais leur présenter avait moins de force que je ne l'escomptais. J'avais pour but de leur faire comprendre que c'est par le sacrifice de leurs offrandes que les chrétiens de mon pays avaient pourvu à nos besoins et aux frais de transport pour que nous puissions venir à Bornéo.

L'autorité de la Bible

Mon introduction n'atteignit pas son but. En désespoir de cause, j'élevai bien haut ma grosse Bible et dit :

– Tout ce que je vous ai enseigné se trouve dans ce Livre. C'est là que vous avez appris toute l'histoire de la création, de l'origine du péché. Mais mieux que cela, vous y avez appris l'amour de Dieu, la rédemption et le salut par le Seigneur Jésus-Christ, et vous l'avez cru et accepté pour vous-mêmes. Ce Livre est-il vrai ?

– Ce Livre est vrai, répondirent-ils d'une seule voix.

Élevant la Bible encore plus haut, je demandai :

– Quoi que vous ne puissiez lire, ce Livre vous a-t-il jamais menti ?

Jamais un mensonge. Tuan, toujours la vérité.

– Eh bien, je veux vous enseigner quelque chose de nouveau. Et, prenant le troisième chapitre de Malachie.

Je leur enseignai les premiers éléments concernant la

dîme. Tandis que leurs regards pleins d'intérêt se fixaient sur moi, je continuai et, pour que ce soit bien clair, j'ajoutai finalement :

– La dîme veut dire exactement ceci ; si vous avez dix poulets, l'un d'eux appartient de droit au Seigneur ; si vous avez dix œufs, l'un d'eux sera pour le Seigneur ; si votre réserve de riz est de dix mesures (ce riz si cher à leurs yeux), l'une d'elles appartiendra au Seigneur.

J'ajouterai cependant, sur l'autorité de la Parole de Dieu, que Dieu veut bénir l'obéissance et qu'il ouvrira ses greniers célestes ; il menacera celui qui dévore, pour qu'il ne détruise pas le fruit de la terre et il ne laissera pas vos vignes stériles (Malachie 3:11). Je ne peux en dire davantage.

La plupart des Dayaks ne portaient qu'une ceinture faite d'écorce d'arbre, les jupons des femmes étaient faits de la même matière. Et je m'assis avec le sentiment que mon message n'avait point porté. Il fait toujours chaud à Bornéo, mais ce soir-là, la chaleur était plus accablante que jamais. La sueur ruisselait sur tout mon corps. Les deux aides se rendaient compte que je passais un moment pénible. Ils n'avaient pas une seule fois dit « Amen » et n'avaient marqué aucun accord à mes paroles.

Les Dayaks se décident

Enfin les Dayaks se mirent à parler entre eux, quelques-uns d'une manière assez dégagée, d'autres plus rapidement. Ils s'exprimaient en plusieurs dialectes de sorte qu'il m'était difficile de saisir la plupart des mots. Au bout d'une demi-heure, ils se turent, attendant que je reprenne la parole. Toujours dans le doute, je leur demandai ce qu'ils pensaient du message de la Parole de Dieu et de ce qu'il ordonnait.

– Tuan, nous avons décidé d'accepter et d'obéir à ces bonnes paroles. Dieu a tant fait pour nous ; nous nous demandions comment nous pourrions montrer notre gratitude envers lui pour avoir donné Son Fils afin de mourir pour nous. Et voici justement l'occasion qui nous est offerte.

« Nous avons choisi trois hommes que nous savons dignes de confiance, continua celui qui avait pris la parole. Ils prendront nos offrandes et les porteront à chaque nouvelle lune chez vous. »

Ce fut aussi simple que cela ; tout fut décidé en une demi-heure de palabres.

– Est-ce que cela vous convient, demandèrent-ils ?

J'aurais bondi de joie à travers les bardeaux du toit jusque dans les nuages. Mes deux Thomas me jetaient des regards furtifs et c'est à peine si j'osais les regarder, car, n'y croyant pas beaucoup moi-même, je n'aurais pas pu leur dire : « Ne vous l'avais-je pas dit ? »

Pourquoi les Dayaks furent-ils si rapidement touchés ? Parce que leur cœur était brûlant pour leur Maître. Il n'y avait que quelques mois qu'ils avaient, pour la première fois, entendu parler d'un Dieu qui aime et qui donne Son Fils. C'était toujours leur premier amour, un amour pur, confiant et plein de foi.

Ils passent à l'action

C'est ainsi que nous allâmes de baraque en baraque partout où se trouvaient les chrétiens. Le message était le même et partout, la réponse aussi fut identique : Dieu soit loué !

La grâce & la dîme

Quelques semaines après notre retour, voici la nouvelle lune. En nous réveillant un matin, nous trouvâmes les Dayaks dans notre véranda ; certains avaient fait deux jours de marche.

Quelques douzaines de poulets pendaient à la clôture, un gros tas de concombres, beaucoup d'œufs dans un panier et deux ou trois sacs en rotin pleins de riz. D'un signe de la main, montrant tout ce qui était là. Les trois hommes dirent simplement :

– Im, Tuan, Allah punjo (ceci est la portion de Dieu). Nous espérons que cela conviendra ; nous repartons aujourd'hui.

Mon cœur débordait de louanges et mes yeux étaient pleins de larmes. C'est à peine si j'y voyais pour me diriger parmi les concombres, les œufs, les poulets, le riz, les fruits, toute cette nourriture si précieuse aux yeux de ces chers chrétiens Dayaks. Ce matin-là, ma vieille véranda se transforma en cathédrale.

Il en fut ainsi chaque mois. Le plancher craquait sous le poids des écorces, des concombres, des patates douces, du riz et des poulets.

L'opposition

Notre cœur était dans la joie ; mais les ennuis vinrent aussi. L'administrateur m'appela à son bureau qui se trouvait à quelque 125 kilomètres de chez moi. Fort en colère il me dit :

– J'apprends que vous taxez les Dayaks à 10 %.

Cela est contraire à la loi. Celui qui seul a le droit de les taxer, c'est le gouvernement. Je vous ordonne de cesser immédiatement ces agissements.

C'est avec respect que je lui fis ma réponse :

– Il est vrai que j'enseigne aux chrétiens de donner la dîme de leurs biens au Seigneur, mais cela n'est pas obligatoire. C'est une offrande de leur libre volonté, et cela ne m'est pas destiné ; c'est pour subvenir aux frais de leur propre œuvre chrétienne. Présentant mon Nouveau Testament, j'ajoutai, je ne me suis jamais mêlé de politique et n'ai nullement l'intention de le faire. Je suis venu ici pour enseigner la Parole de Dieu. Et comme vous le savez fort bien, celle-ci enseigne de donner une part de nos revenus au Seigneur. Je ne voudrais pas vous enseigner comment diriger le gouvernement, veuillez de même s'il vous plaît, ne pas me dire comment je dois enseigner la Parole de Dieu.

Je me retrouvai bientôt sur le sentier de gravier pour regagner mon petit bateau à moteur. Nous n'entendîmes plus jamais parler de l'administrateur.

Chaque mois nous recevions la part de Dieu. Nous en vendions le produit aux marchands chinois et achetions des clous avec une partie de l'argent.

Progrès et bénédiction

Des lieux de culte commencèrent à s'édifier. Ce serait trop long de raconter ici comment cela se fit, mais Dieu prenait bonne note, tandis qu'ils apportaient leurs dons d'amour et de reconnaissance.

Dix longs mois, et voici la récolte. Et quelle récolte ! Plus de riz qu'ils n'en avaient jamais eu. Il n'y avait pas de perte. Ayant amassé leur précieux grain, je m'attendais à ce qu'ils me disent : « Tuan, ça marche ; nous avons donné la dîme de tout, et voilà l'accroissement que Dieu nous donne ». Mais j'attendis en vain.

Je pensais qu'ils seraient agréablement surpris de cette abondance ; mais là encore, je fus vivement déçu parce que personne ne vint. Ils n'exprimèrent, au contraire, aucune surprise. « La Bible, disaient-ils, ne leur avait jamais menti ; pourquoi mentirait-elle maintenant ? Dieu avait dit qu'il le ferait et celui qui ne mentait jamais avait tenu sa promesse. » Dans leur foi enfantine, ils trouvaient cela tout simple. La surprise fut tout entière pour moi, et peut-être pour vous aussi, cher lecteur. Mais pas pour les Dayaks.

Peu de temps après les chrétiens vinrent aux réunions avec des habits neufs et propres. Comme les commerçants chinois sont très entreprenants, ils tirèrent parti de la « récolte-miracle » et commencèrent à dire aux Dayaks :

– Il n'est pas séant d'aller au culte avec des vêtements qui ne sont pas convenables. Le conseil porta fruit non seulement à cause des Chinois ; mais les Dayaks eux-mêmes avaient secrètement honte de leur nudité. L'écorce est trop chaude aux reins surtout par ce climat tropical ; et puis cela irrite la peau que l'on ne peut laver.

Maintenant les chrétiens ont du riz en excédent ; et, comme c'est considéré comme monnaie légale, il était facile de l'échanger pour de l'étoffe. Conseiller aux enfants de Dieu de porter des vêtements malgré leur pauvreté était les porter à penser que l'habit fait le chrétien. Mais nous étions contents maintenant de les voir dans leurs nouveaux costumes et plus contents encore qu'ils n'essayaient pas de nous copier, mais ils conservaient leur façon de s'habiller.

LA GRÂCE & LA DÎME

Le travail pris à cœur

Bientôt un premier lieu de culte fut édifié, puis un autre. Tout le monde s'y mettait. L'une de ces communautés, appelée Béthel, comptait 1 315 membres.

Dehors à côté de l'allée se trouvait une grande caisse à claire-voie. D'une main on tirait le loquet et de l'autre on y jetait le poulet. En haut des marches il y avait une autre grande caisse de 125 sur 75 sur 50 centimètres de haut avec une petite ouverture au sommet. C'est là qu'ils versaient le riz de l'offrande. Des mères soulevaient leurs enfants pour que ceux-ci puissent verser leur tasse de riz comme les grands. Tout à côté se trouvait le panier pour recevoir les œufs et un peu plus loin une boîte en fer-blanc avec une fente par laquelle on pouvait mettre les quelques pièces de monnaie que l'on voulait offrir. C'est ainsi que s'exerçait la libéralité dans une communauté de Dayaks dans l'ouest de Bornéo.

Ces offrandes n'étaient pas destinées aux missionnaires eux-mêmes à moins que l'équivalent ne soit versé au trésor général. C'était un argent sacré qui venait de gens pauvres et qui était entièrement employé à la construction des bâtiments et aux traitements des serviteurs des églises Dayaks.

Peu après les Dayaks eurent à cœur d'apporter l'Évangile à ceux qui ne l'avaient pas encore entendu. De longs mois avant le début de la guerre, ils envoyèrent et subvinrent aux besoins de quatre de leurs missionnaires dans les régions voisines.

Permanence de l'œuvre

Treize ans après le début de l'œuvre, la guerre a ravagé le pays. En 1942, quand les envahisseurs sont venus, nous avons dû fuir et, par la bonté de notre Dieu, nous sommes arrivés sains et saufs dans notre pays. Pendant six ans, les chrétiens Dayaks sont restés sans missionnaire, mais ce sont leurs pasteurs et évangélistes qui ont eux-mêmes maintenu le témoignage chrétien.

Aujourd'hui toutes les églises, sauf une, fonctionnent encore comme églises financièrement indépendantes. De pauvres qu'ils étaient, les Dayaks sont devenus prospères et les serviteurs du Seigneur semblent heureux. Ils reçoivent une certaine somme par mois ainsi que tout le riz nécessaire. De plus, les membres de leur église leur apportent toutes sortes de légumes, œufs, poulets et fruits.

Dieu est fidèle à Sa Parole, pour les cœurs obéissants. Sa Parole seule a servi de guide pour l'édification de communautés ; et cette Parole acceptée d'un cœur brûlant et confiant m'a permis de vous raconter ce récit.

Ceci a été écrit en 1948. L'année suivante, lors d'une conférence mémorable, l'administration entière de L'Église était remise entre les mains des chrétiens Dayaks. Les bâtiments et le terrain leur appartenaient déjà puisqu'ils étaient leur œuvre et leur propriété. Il y avait quatorze ans exactement que le premier Dayak avait cru au Seigneur.

Maintenant le Conseil d'Église est capable de trancher toutes les questions avec les pasteurs, il y a 130 anciens. Des missionnaires et des maîtres Dayaks enseignent à l'Institut biblique et, de ce centre, des serviteurs de Dieu partent dans toutes les directions.

Trois des plus anciens bergers ont quitté le troupeau que leur avait confié le Seigneur, pour entreprendre une œuvre de pionnier dans les districts environnants. Douze autres recrues sorties de l'Institut biblique sont parties comme missionnaires et sont entièrement soutenues par l'Église Dayak.

Dans huit écoles primaires il y a des instituteurs Dayaks donnant les rudiments de l'enseignement. Des centaines maintenant savent lire et écrire.

Tout n'a pas été facile pour eux depuis qu'ils ont appris à marcher seuls. Nombreuses ont été les attaques de Satan pour ruiner les fondements posés. Mais l'église de Christ progresse, car c'est lui qui a dit : « Je bâtirai mon église sur ce roc, et les portes de l'enfer ne prévaudront point contre elle. »

Source : Arthur Mouw, « Le sacrifice des Dayaks », Éditeurs de Littérature Biblique, Belgique, 1996.

QUEL EST LE FRUIT?

PIERRE DEMAUDE

Matthieu 7 : 15-20 « Gardez-vous des faux prophètes. Ils viennent à vous en vêtements de brebis, mais au-dedans ce sont des loups ravisseurs. Vous les reconnaîtrez à leurs fruits. Cueille-t-on des raisins sur des épines, ou des figues sur des chardons ? Tout bon arbre porte de bons fruits, mais le mauvais arbre porte de mauvais fruits. Un bon arbre ne peut porter de mauvais fruits, ou un mauvais arbre porter de bons fruits. Tout arbre qui ne porte pas de bons fruits est coupé et jeté au feu. C'est donc à leurs fruits que vous les reconnaîtrez. »

Jésus nous apprend à discerner en regardant aux fruits. Si dans ce passage, on parle de faux prophètes, c'est un principe que nous pouvons appliquer aussi au domaine de l'enseignement et dans bien des domaines de notre vie. Où en sont mes finances ? Où en sont les finances de ma communauté ?

Jacques Lemaire a été mon pasteur pendant de nombreuses années et j'ai pu voir les bienfaits que cet enseignement a produits. Mais avant tout, je peux témoigner qu'il n'a JAMAIS cherché à s'enrichir personnellement. Il était d'une très grande intégrité et tous ceux qui l'ont côtoyé savent comment, avec son épouse, ils ont élevé courageusement leur famille chichement. Je peux dire également qu'aujourd'hui je suis au bénéfice, dans mon ministère, des bases que Jacques a posées.

Je suis né dans une famille chrétienne et j'ai vu mes parents pratiquer la dîme durant toute mon enfance. Ils avaient « une boîte à cigares » dans laquelle ils mettaient la dîme de leurs revenus pour l'œuvre de Dieu. On l'appelait « la boîte du Seigneur ». C'est donc naturellement, après ma conversion que j'ai suivi leur exemple de consacrer une partie de mes revenus. Mon épouse qui pourtant vient d'un milieu athée avait la même disposition de cœur. Mes quatre enfants ont suivi naturellement le même cheminement de donner avec joie. Nous ne nous rendons pas toujours compte de la portée de nos actes et de la valeur de l'exemple.

Je dois reconnaître également que cela n'a pas toujours été facile dans la gestion du ménage. Durant notre vie, nous avons appris à être pauvres, mais aussi riches (parfois). Nous sommes souvent passés par des moments difficiles financièrement, mais nous avons aussi expérimenté des miracles de bénédiction extraordinaire. La grande tentation dans les difficultés est de réduire ce que nous consacrons à Dieu. Et là, nous devons apprendre à vivre sous la grâce, sans culpabiliser, en demandant à Dieu ce qu'il attend de nous. Si la fidélité est primordiale dans ce domaine, nous devons aussi prendre conscience que Dieu ne veut pas construire une relation basée sur un légalisme. La grâce doit toujours être supérieure à la loi.

Pendant quelques années, j'organisais les mercredis des réunions de réveil à Charleroi. À un certain moment, j'ai rencontré de l'opposition et Jacques Lemaire m'a soutenu. Je me souviens de ces mots : « Pierre, continue et si tu rencontres des difficultés pour la location de la salle, ne t'en fais pas. Notre communauté prendra les frais en charge ! »

À l'époque, je ne connaissais pas Jacques et j'ai découvert un homme qui savait être généreux pour le Royaume. C'est donc naturellement que nous avons rejoint la communauté de Courcelles.

Nous avons été impressionnés par la qualité des enseignements. Jacques et son épouse Danièle sont devenus des modèles pour moi et toute ma famille. Nous avons été très surpris de voir qu'il n'y avait aucune collecte pendant les cultes. On nous a expliqué qu'il y avait un tronc à l'arrière de la salle et qu'on pouvait y déposer nos offrandes.

Le fonctionnement de la communauté.

En fait, Jacques enseignait sur les finances tous les cinq ans. Il faisait une série de prédications qui sont résumées dans cette brochure. Et puis c'était tout ! Il n'abordait plus ce thème. Il ne faisait pratiquement jamais aucune allusion aux finances de l'Église. Pas de collecte pour le fonctionnement de la communauté.

Encore aujourd'hui, tous les mois, il y a durant les annonces, un compte rendu de la caisse, très rapide qui reprend les rentrées, les sorties et le solde. Ces comptes sont affichés et chacun peut les voir et demander des explications au trésorier. C'est le bien de toute la communauté et chacun a le droit de savoir comment l'argent est géré.

Il y a parfois une offrande, planifiée pour les prédicateurs de passage. Jacques nous disait alors : « Nous recevons un invité la semaine prochaine, demandez à Dieu ce que vous devez donner. Si le Seigneur ne vous dit rien, ne donnez rien ! Mais surtout vous ne donnez pas le fond de vos poches pour vous donner bonne conscience. » À la fin de la réunion, on annonce publiquement le montant de l'offrande qui est donnée intégralement à l'invité pour le soutien de l'œuvre.

La transparence est une clé primordiale pour établir un climat de confiance dans l'Église. Chaque année un bilan est dressé. C'est une obligation légale dans notre pays. Nous avons pu ainsi progressivement augmenter le salaire du pasteur. Nous posions des pas de foi et le trésorier de l'époque était surpris de voir comme les budgets étaient atteints. Aujourd'hui nous avons largement la capacité de financer au moins le salaire complet d'un pasteur avec toutes les charges sociales.

Cela ne s'est pas fait du jour au lendemain ! C'est le fruit de longues années. Mais cela pose un bon principe de complète indépendance par rapport à l'État. Nous sommes respectueux des lois, mais pas dépendants dans notre fonctionnement. N'est-ce pas ainsi qu'il devrait en être ?

Jacques nous enseignait de « demander à Dieu ce qu'il fallait consacrer et ne pas avoir peur de ne rien donner si le Seigneur ne nous le demandait pas ! » C'est très surprenant comme approche. Mon ami Salvatore nous racontait qu'il avait mis dans l'offrande un certain montant et qu'il avait senti par après la désapprobation du Seigneur parce qu'il l'avait fait sans en référer à Dieu. Il est intéressant de noter que l'obéissance va dans les deux sens : apprendre à donner ou apprendre à ne pas donner ! Cela enlève toute pression, tout sentiment de culpabilité et nous RESPONSABILISE dans la gestion de notre argent. C'est une protection contre toute forme de manipulation où l'on peut jouer sur les sentiments.

Un peu de sagesse !

En tant que responsables, nous devons également considérer que l'argent apporté pour l'œuvre est saint. Il est le fruit du travail courageusement et parfois difficilement acquis. Dix pour cent pour une personne roulant sur l'or n'a pas la même valeur que la dîme d'une personne à faibles revenus. Nous devons respecter ce fait. Le Seigneur m'a montré que de prier pour une personne était une chose sainte. Prêcher est une chose sainte. Faire une offrande est une chose sainte. Nous devons avoir la crainte de Dieu !

J'ai vu des situations injustes où des offrandes étaient levées pour répondre à une très mauvaise gestion. Et que dire des levées d'argent à répétition pour combler le déficit de grands projets mégalomanes ? J'ai assisté à une réunion où l'on a fait cinq ou six offrandes le même soir pour pouvoir payer la location de la salle de congrès... Est-ce juste ?

J'ai appris au contact de Jacques à organiser des évènements en étant sûr que tous les frais d'organisation seraient financés AVANT la conférence par les Églises participantes. L'offrande pouvait alors servir à bénir les orateurs. C'est tellement plus sain de ne pas devoir courir après l'argent.

Mon ami Juan Carlos Alzamora me disait : « My will, my bill – His will, his bill » qui peut se traduire par « Ma volonté, ma facture – Sa volonté, sa facture ». Si je fais ma volonté alors il est normal que je paie l'addition – Si je fais ce qu'il me demande alors il est normal que Dieu paie l'addition. Dieu pourvoit lorsqu'il ordonne. Trop souvent j'ai l'impression que nous avons oublié le verset « Si l'Éternel ne bâtit la maison, ceux qui la bâtissent travaillent en vain. » (Psaumes 127).

Il n'est pas normal que l'Église doive courir après l'argent. Que ce soit pour son fonctionnement — salaire, bâtiment, charges fixes. Si tous ensemble nous participons, ces besoins seront très facilement comblés. Et alors, tout devient beaucoup plus facile pour faire simplement la volonté parfaite de Dieu. L'argent ne devient plus un frein à la foi.

Au début de ma carrière professionnelle, j'ai travaillé dans le monde de la finance. J'avais un petit salaire d'employé et je gérais au téléphone des millions. Je me suis rendu compte que nous pensions à la mesure de notre salaire. Pour une personne gagnant 1500 euros, lui parler d'un projet qui demande un investissement d'un million d'euros est complètement extravagant et déraisonnable. Mais si vous vous appelez Bill Gates, cela ne pose plus aucun problème. Finalement, le niveau de notre foi en matière de finance est lié à nos propres ressources. Nous devons apprendre à ne plus penser par rapport à nos capacités, nos limites, mais en termes du Royaume de Dieu. Dieu est digne de l'excellence ! Sommes-nous capables de nous libérer de l'esprit de médiocrité qui pèse sur l'Église ? Ce n'est pas la théologie de la prospérité, mais c'est la culture du royaume. C'est la prospérité de l'Évangile.

Donner est le privilège des enfants de Dieu

On me demande parfois de « faire l'offrande » dans des réunions. Je me plais à rappeler qu'on n'achète pas Dieu ! On n'achète pas un miracle, une guérison et encore moins le réveil. Non ! Donner est un acte d'amour qui nous permet de devenir collaborateurs avec le Saint-Esprit. Il nous associe à la construction de son Église. Il nous permet d'y participer activement simplement en donnant.

Ce n'est pas à l'État à pourvoir ni à une organisation étrangère (sous prétexte qu'ils sont riches en Amérique ou en Suisse). Non ! Nous sommes responsables de la manifestation du Royaume, là où nous sommes. Donner fidèlement est le privilège des enfants de Dieu. Et si nous sommes fidèles, nous serons très vite capables d'aller plus loin et de devenir une aide pour les autres. Si je peux partir en mission, c'est parce que ma communauté me soutient dans mon ministère. Et elle peut le faire sans aucun problème parce que le pasteur Jacques Lemaire n'a pas regardé aux critiques et aux rejets. Il nous a bien enseigné sur le sujet des finances.

Comme l'explique Finney : « Il n'y a rien de miraculeux dans un réveil... Ce n'est que la conséquence de l'obéissance de l'Église. » Je crois qu'un réveil se prépare et que les besoins sont et seront très grands. Il ne dépend que de nous d'être prêts, de nous remettre en question devant Dieu par rapport à nos finances et les finances de Son Église. Où en êtes-vous ?

Pierre Demaude

TABLE DES MATIÈRES